skole - sekolah   2
rejse - berjalan   5
transport - pengangkutan   8
by - bandar   10
landskab - landskap   14
restaurant - restoran   17
supermarked - pasar raya   20
drikkevarer - minuman   22
mad - makanan   23
bondegård - ladang   27
hus - rumah   31
stue - ruang tamu   33
køkken - dapur   35
badeværelse - bilik air   38
børneværelse - bilik kanak-kanak   42
tøj - pakaian   44
kontor - pejabat   49
økonomi - ekonomi   51
erhverv - pekerjaan   53
værktøj - alat   56
musikinstrumenter - alat muzik   57
zoo - zoo   59
sport - sukan   62
aktiviteter - aktiviti   63
familie - keluarga   67
krop - badan   68
sygehus - hospital   72
nødstilfælde - kecemasan   76
Jorden - bumi   77
ur - jam   79
uge - minggu   80
år - tahun   81
former - bentuk   83
farver - warna   84
modsætninger - berlawanan   85
tal - nombor   88
sprog - bahasa-bahasa   90
hvem / hvad / hvordan - siapa / apa / bagaimana   91
hvor - di mana   92

AF187345

Impressum
Verlag: BABADADA GmbH, Nedderfeld 112 , 22529 Hamburg
Geschäftsführer / Verlagsleitung: Harald Hof
Druck: Books on Demand GmbH, In de Tarpen 42, 22848 Norderstedt

Imprint
Publisher: BABADADA GmbH, Nedderfeld 112 , 22529 Hamburg, Germany
Managing Director / Publishing direction: Harald Hof
Print: Books on Demand GmbH, In de Tarpen 42, 22848 Norderstedt, Germany

skole

sekolah

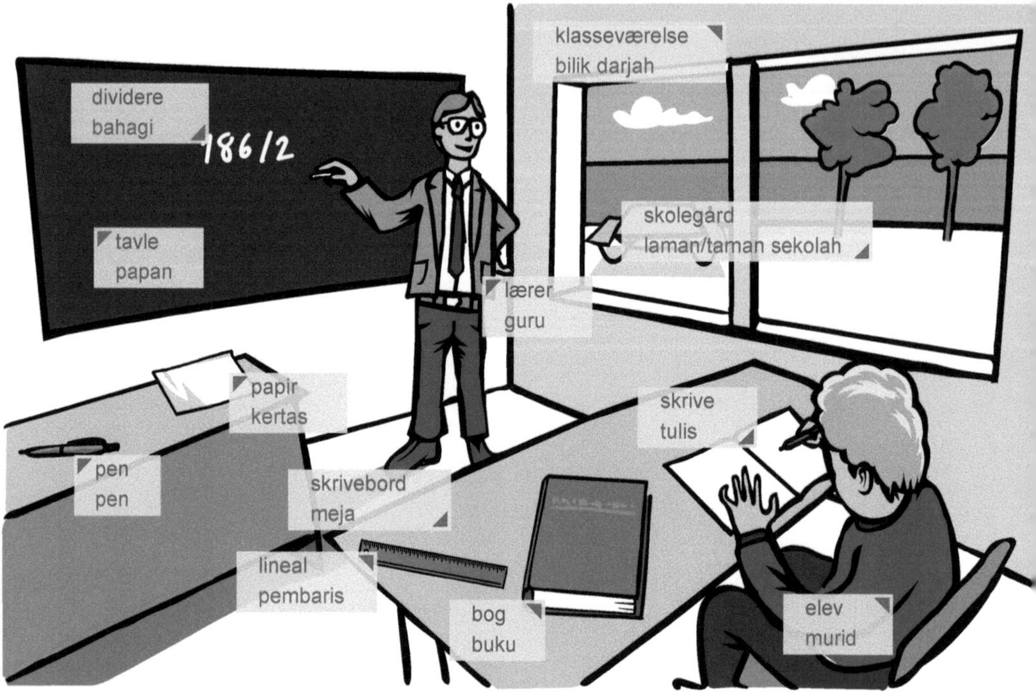
klasseværelse
bilik darjah
dividere
bahagi
186/2
tavle
papan
skolegård
laman/taman sekolah
lærer
guru
papir
kertas
skrive
tulis
pen
pen
skrivebord
meja
lineal
pembaris
bog
buku
elev
murid

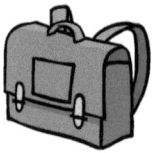

skoletaske
beg galas

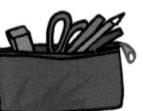

penalhus
kotak pensel

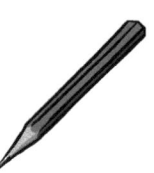

blyant
pensel

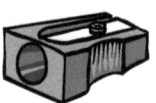

blyantspidser
pengasah pensel

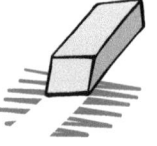

viskelæder
pemadam

tegneblok
kertas lukisan

tegning

melukis

pensel

berus lukis

æske med vandfarver

kotak warna

saks

gunting

lim

gam

opgavehefte

buku latihan

lektie

kerja rumah

12

tal

nombor

2+2

addere

tambah

5-2

subtrahere

tolak

2×2

multiplicere

darab

regne

kira

A

bogstav

huruf

ABCDEFG HIJKLMN OPQRSTU VWXYZ

alfabet

abjad

hello

ord

kata

tekst

teks

læse

baca

kridt

kapur

time

pelajaran

klasseprotokol

daftar

eksamen

peperiksaan

karakterbog

sijil

skoleuniform

uniform sekolah

uddannelse

pendidikan

leksikon

ensiklopedia

universitet

universiti

mikroskop

mikroskop

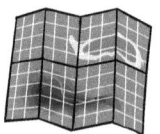

kort

peta

papirkurv

bakul sampah

rejse
berjalan

hotel
hotel
Grand
herberg
asrama
ROOMS
vekselkontor
pejabat tukaran mata wang
EXCHANGE
kuffert
beg pakaian
bil
kereta

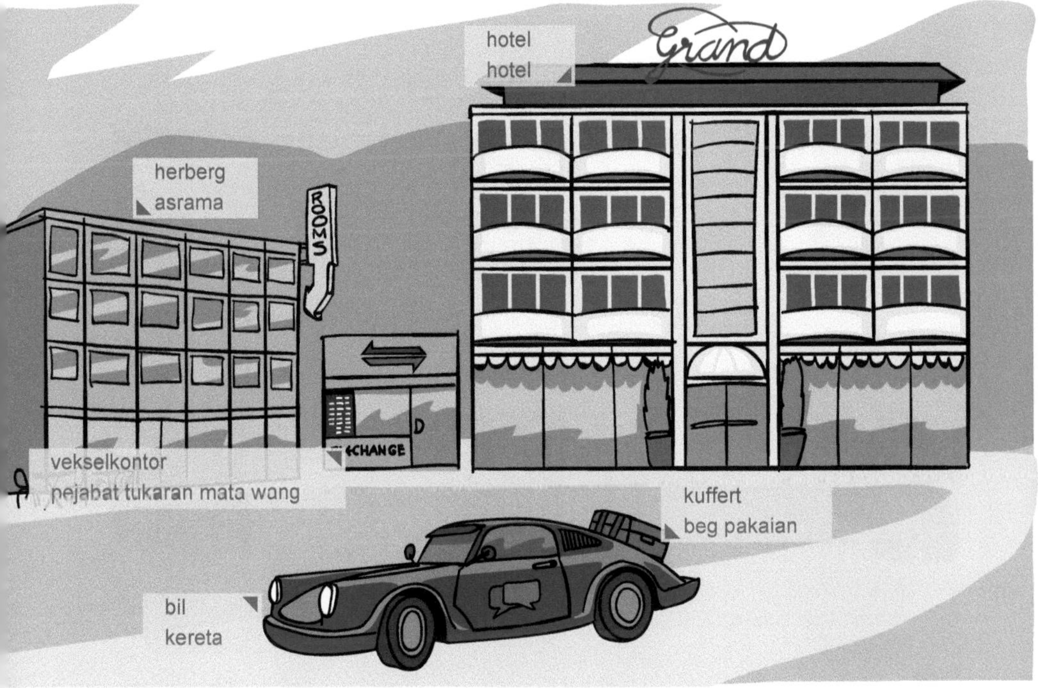

sprog
bahasa

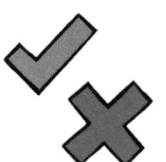

ja / nej
ya / tidak

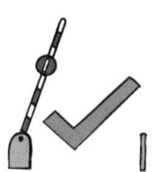

okay
okey

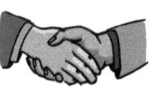

hej
helo

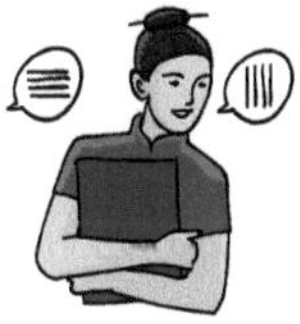

oversætter
penterjemah

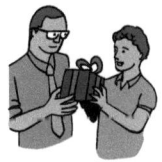

tak
Terima kasih

hvad koster...?

berapa banyak...?

Jeg forstår ikke

saya tidak faham

problem

masalah

God aften!

Selamat petang!

God morgen!

Selamat Pagi!

God nat!

Selamat Malam!

farvel

selamat tinggal

retning

arah

bagage

bagasi

taske

beg

rygsæk

beg galas

gæst

tetamu

værelse

bilik tidur

sovepose

beg tidur

telt

khemah

turistinformation

maklumat pelancong

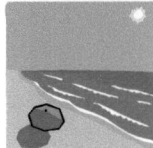

strand

pantai

kreditkort

kad kredit

morgenmad

sarapan

middagsmad

makan tengah hari

aftensmad

makan malam

billet

tiket

elevator

lif

frimærke

setem

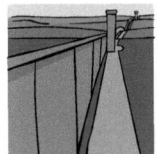

grænse

sempadan

told

kastam

ambassade

kedutaan

visum

visa

pas

pasport

transport
pengangkutan

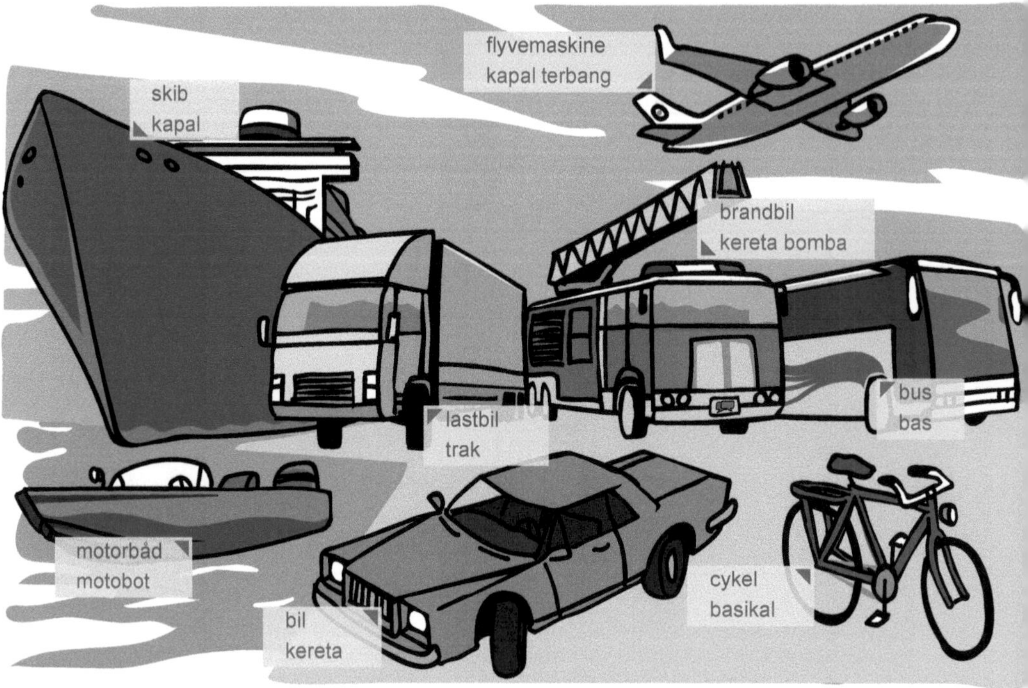
flyvemaskine
kapal terbang
skib
kapal
brandbil
kereta bomba
bus
bas
lastbil
trak
motorbåd
motobot
cykel
basikal
bil
kereta

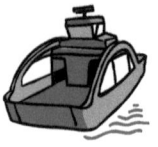

færge

feri

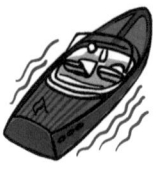

båd

bot

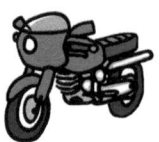

motorcykel

motosikal

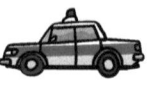

politibil

kereta polis

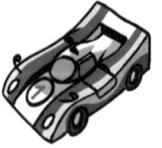

racerbil

kereta lumba

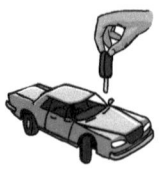

lejebil

kereta sewa

samkørsel

berkongsi kereta

kranbil

trak tunda

skraldebil

trak menolak

motor

motor

benzin

bahan api

tankstation

stesen minyak

trafikskilt

tanda trafik

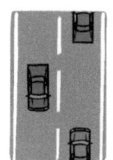

trafik

trafik

trafikprop

kesesakan lalu lintas

parkeringsplads

tempat parkir

banegård

stesen kereta api

skinner

trek

tog

kereta api

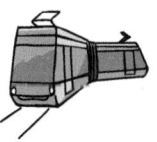

sporvogn

trem

wagon

gerabak

helikopter

helikopter

lufthavn

lapangan terbang

tårn

Menara

passager

penumpang

container

bekas

karton

kadbod

kærre

kart

kurv

bakul

starte / lande

berlepas / mendarat

by

bandar

landsby

kampung

bymidte

pusat bandar

hus

rumah

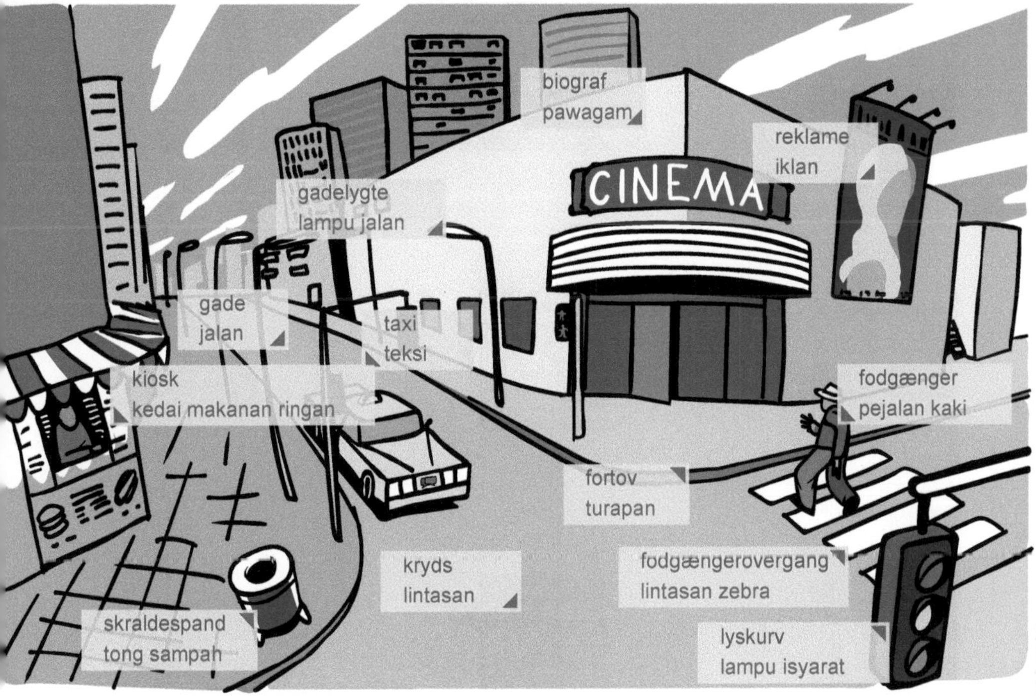
biograf
pawagam
reklame
iklan
CINEMA
gadelygte
lampu jalan
gade
jalan
taxi
teksi
kiosk
kedai makanan ringan
fodgænger
pejalan kaki
fortov
turapan
kryds
lintasan
fodgængerovergang
lintasan zebra
skraldespand
tong sampah
lyskurv
lampu isyarat

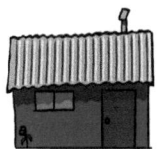

hytte

pondok

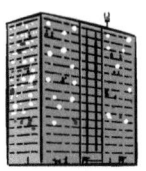

lejlighed

flat

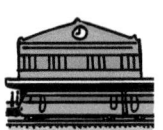

banegård

stesen kereta api

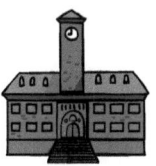

rådhus

dewan bandar

MUSEUM

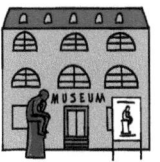

museum

muzium

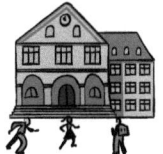

skole

sekolah

universitet

universiti

bank

bank

sygehus

hospital

hotel

hotel

apotek

farmasi

kontor

pejabat

boghandel

kedai buku

butik

kedai

blomsterbutik

kedai bunga

supermarked

pasar raya

marked

pasaran

stormagasin

gedung

fiskehandler

penjual ikan

butikscenter

pusat membeli-belah

havn

pelabuhan

park

taman

bænk

bangku

bro

jambatan

trappe

tangga

undergrundsbane

bawah tanah

tunnel

terowong

busstoppested

hentian bas

barnevogn

bar

restaurant

restoran

postkasse

peti surat

vejskilt

papan tanda jalan

parkometer

meter parkir

zoo

zoo

badeanstalt

kolam renang

moske

masjid

bondegård
ladang

miljøforurening
pencemaran

kirkegård
tanah perkuburan

kirke
gereja

legeplads
taman permainan

tempel
kuil

landskab
landskap

blad
daun

vejviser
tiang tanda

vej
jalan

eng
padang rumput

sten
batu

træ
pokok

vandrer
pejalan kaki

flod
sungai

græs
rumput

blomst
bunga

dal
lembah

bjerg
bukit

sø
tasik

skov
hutan

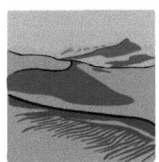

ørken
padang pasir

vulkan
gunung berapi

slot
istana

regnbue
pelangi

svamp
cendawan

palme
pokok kelapa sawit

moskito
nyamuk

flue
terbang

myre
semut

bi
lebah

edderkop
labah-labah

bille

kumbang

frø

katak

egern

tupai

pindsvin

landak

hare

arnab

ugle

burung hantu

fugl

burung

svane

angsa

vildsvin

babi jantan

hjort

rusa

elg

moose

dæmning

empangan

vindmølle

turbin angin

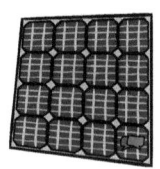

solcellemodul

panel solar

klima

iklim

restaurant
restoran

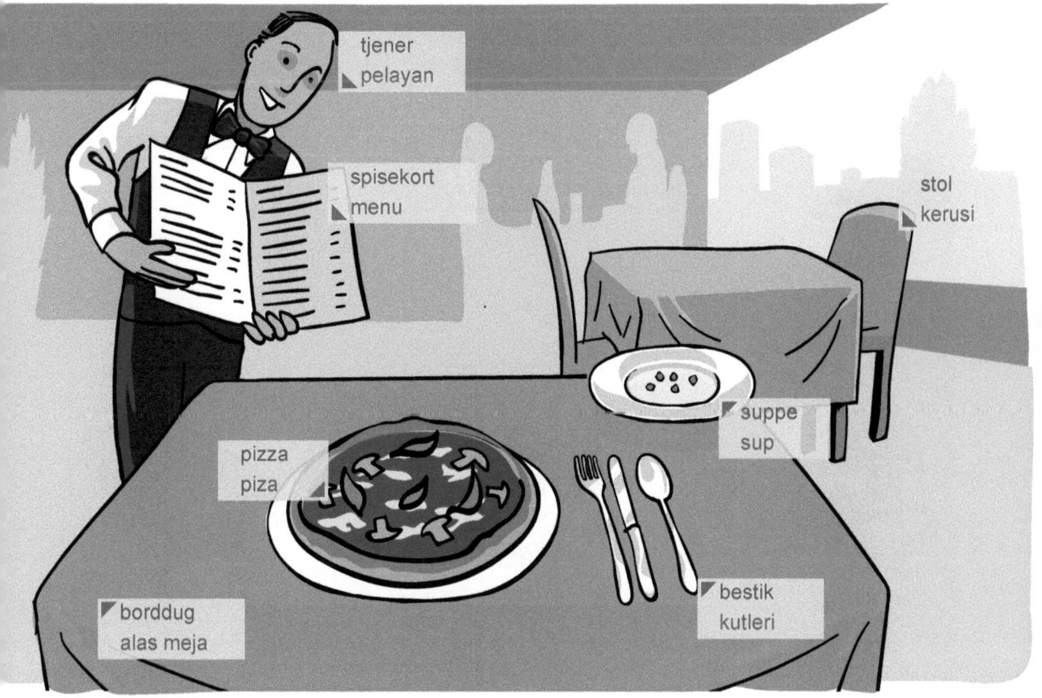
tjener
pelayan
spisekort
menu
stol
kerusi
suppe
sup
pizza
piza
bestik
kutleri
borddug
alas meja

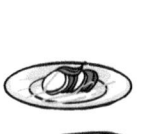

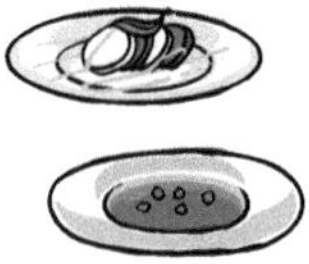

forret
pemula

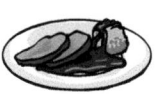

hovedret
hidangan utama

dessert
pencuci mulut

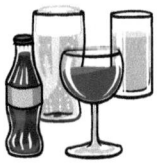

drikkevarer
minuman

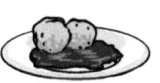

mad
makanan

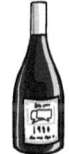

flaske
botol

fastfood

makanan segera

streetfood

makanan jalanan

tekande

teko

sukkerdåse

mangkuk gula

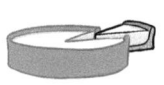

portion

bahagian

espressomaskine

mesin espreso

barnestol

kerusi tinggi

faktura

bil

tablet

dulang

kniv

pisau

gaffel

garfu

ske

sudu

teske

sudu teh

serviet

serviette

glas

gelas

tallerken

pinggan

dyb tallerken

mangkuk sup

underkop

piring

sovs

sos

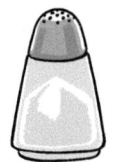

saltbøsse

tempat garam

peberkværn

pengisar lada

eddike

cuka

olie

minyak

krydderier

rempah

ketchup

sos

sennep

mustard

mayonnaise

mayones

supermarked

pasar raya

tilbud
tawaran istimewa
FOR
kunde
pelanggan
mælkeprodukter
tenusu
frugt
buah-buahan
indkøbsvogn
troli

BUTCHERS

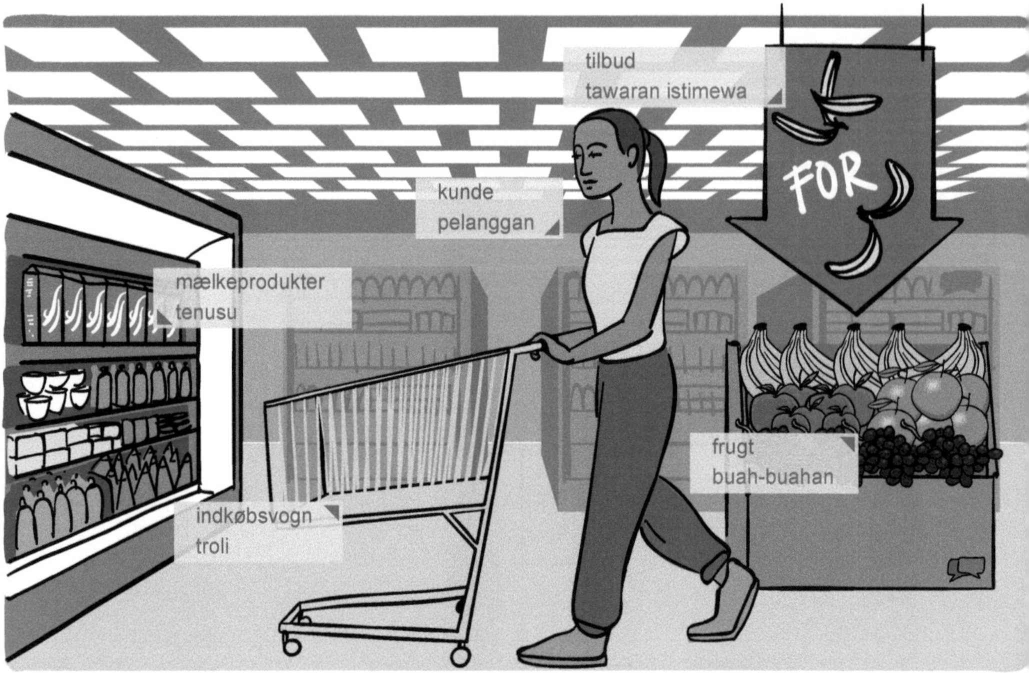

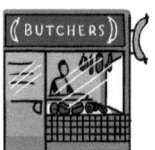

slagter

tukang daging

BAKERY

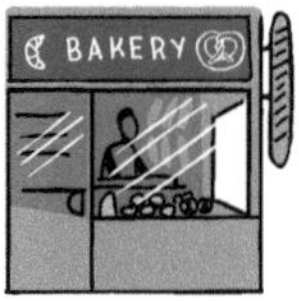

bageri

kedai roti

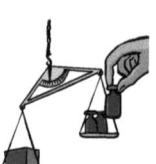

veje

berat

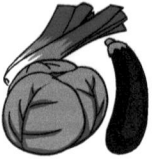

grøntsager

sayur-sayuran

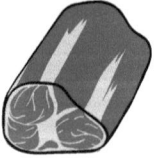

kød

daging

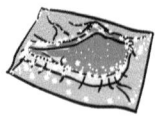

frostvarer

makanan sejuk beku

pålæg

daging sejuk

konserves

makanan dalam tin

vaskemiddel

serbuk pencuci

slik

gula-gula

husholdningsvarer

produk isi rumah

rengøringsmidler

produk pembersihan

ekspedient

orang jualan

kasse

daftar tunai

kasserer

juruwang

indkøbsliste

senarai membeli-belah

åbningstider

waktu pembukaan

tegnebog

beg duit

kreditkort

kad kredit

taske

beg

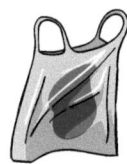

plasticpose

beg plastik

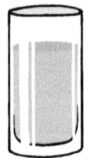

vand

air

saft

jus

mælk

susu

cola

kola

vin

wain

øl

bir

alkohol

alkohol

kakao

koko

te

the

kaffe

kopi

espresso

espreso

cappuccino

kapucino

banan

pisang

æble

epal

appelsin

oren

melon

tembikai

citron

lemon

gulerod

lobak merah

hvidløg

bawang putih

bambus

buluh

løg

bawang

svamp

cendawan

nødder

kacang

nudler

mi

spaghetti

spageti

ris

nasi

salat

salad

pomfritter

kerepek

stegte kartofler

kentang goreng

pizza

piza

hamburger

hamburger

sandwich

sandwic

schnitzel

kutlet

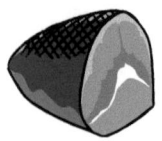

skinke

ham

salami

salami

pølse

sosej

kylling

ayam

steg

panggang

fisk

ikan

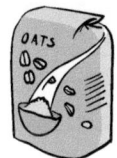

havregryn

bubur oat

mysli

muesli

cornflakes

emping jagung

mel

tepung

croissant

kroisan

rundstykke

roti roll

brød

roti

toast

roti bakar

kiks

biskut

smør

mentega

kvark

dadih

kage

kek

æg

telur

spejlæg

telur goreng

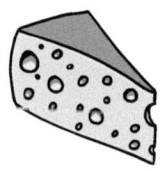

ost

keju

is
ais krim

sukker
gula

honning
madu

marmelade
jem

nougat-creme
krim nougat

karry
kari

bondegård
ladang

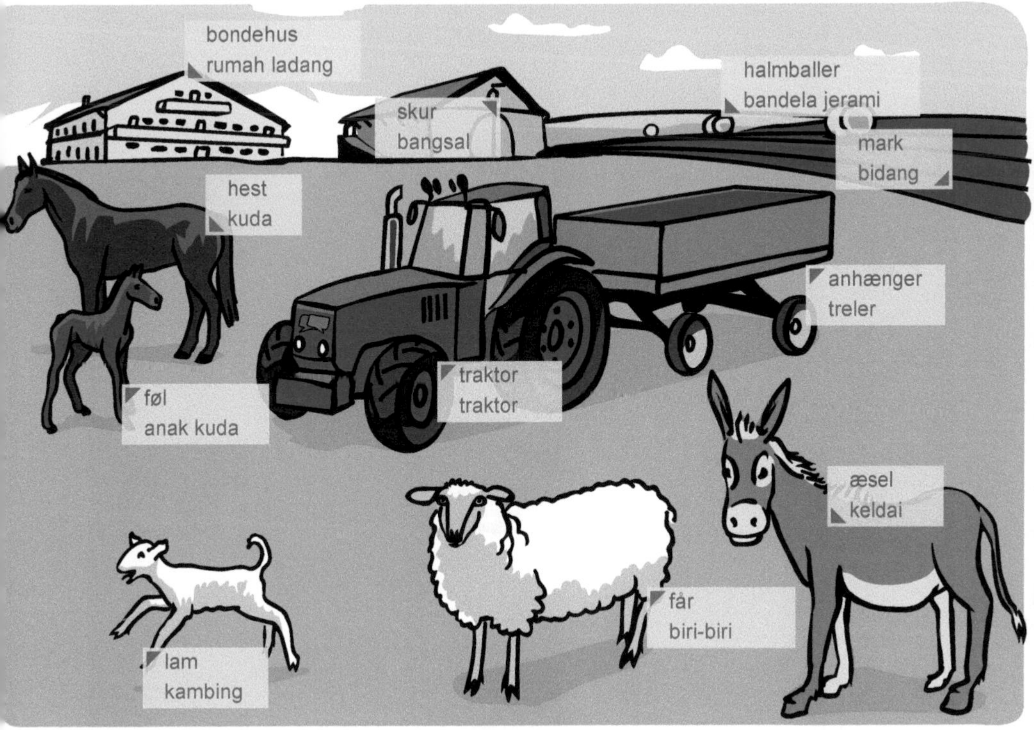
bondehus
rumah ladang
skur
bangsal
halmballer
bandela jerami
mark
bidang
hest
kuda
anhænger
treler
føl
anak kuda
traktor
traktor
æsel
keldai
får
biri-biri
lam
kambing

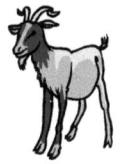

ged
kambing

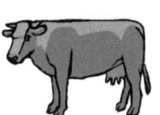

ko
lembu

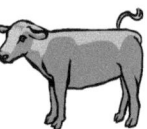

kalv
anak lembu

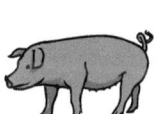

svin
babi

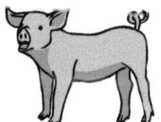

gris
anak babi

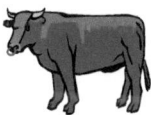

tyr
lembu

gås
angsa

and
itik

kylling
anak ayam

høne
ayam betina

hane
ayam jantan muda

rotte
tikus

kat
kucing

mus
tikus

okse
lembu jantan

hund
anjing

hundehus
rumah anjing

haveslange
hos taman

vandkande
bekas siraman

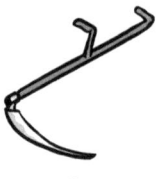

le
sabit

plov
bajak

segl
....
sabit

hakkejern
....
cangkul

møggreb
....
serampang peladang

økse
....
kapak

trillebør
....
kereta sorong

trug
....
palung

mælkekande
....
tin susu

sæk
....
karung

hæk
....
pagar

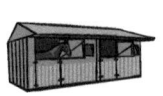

stald
....
stabil

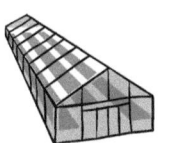

drivhus
....
rumah hijau

jord
....
tanah

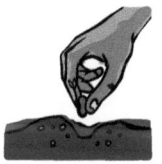

frø
....
benih

gødning
....
baja

mejetærsker
....
jentuai

høste

tuai

høst

menuai

yams

keladi

hvede

gandum

soja

soya

kartoffel

kentang

majs

jagung

raps

biji sawi

frugttræ

pokok buah-buahan

maniok

ubi kayu

korn

bijirin

hus
rumah

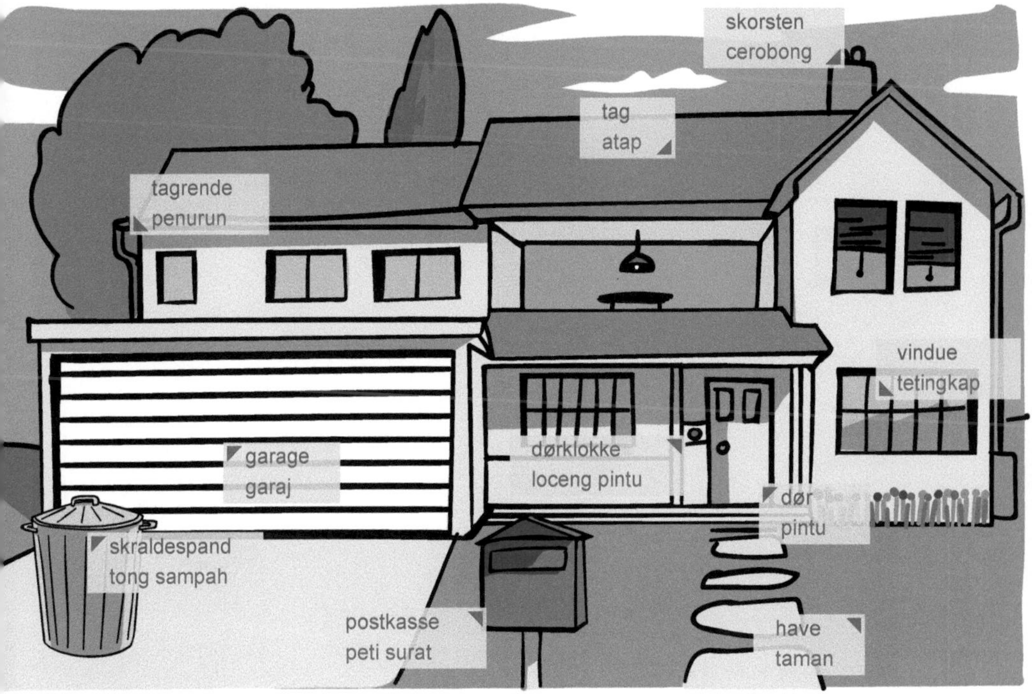

skorsten
cerobong
tag
atap
tagrende
penurun
vindue
tetingkap
garage
garaj
dørklokke
loceng pintu
dør
pintu
skraldespand
tong sampah
postkasse
peti surat
have
taman

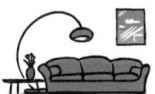

stue

ruang tamu

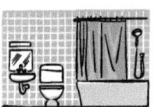

badeværelse

bilik air

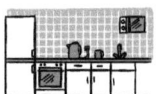

køkken

dapur

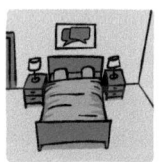

soveværelse

bilik tidur

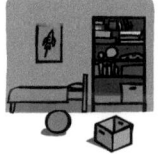

børneværelse

bilik kanak-kanak

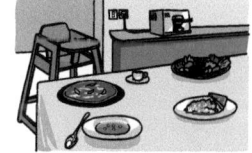

spisestue

ruang makan

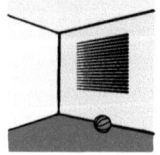

gulv

lantai

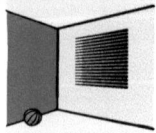

væg

dinding

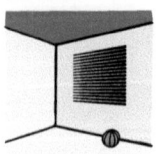

loft

siling

kælder

bilik bawah tanah

sauna

sauna

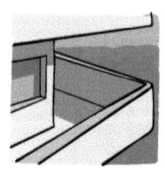

altan

balkoni

terrasse

teres

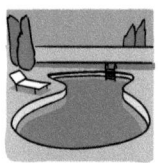

svømmehal

kolam renang

plæneklipper

pemotong rumput

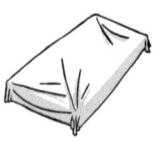

dynebetræk

lembaran

dyne

penutup tilam

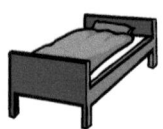

seng

katil

kost

penyapu

spand

timba

kontakt

suis

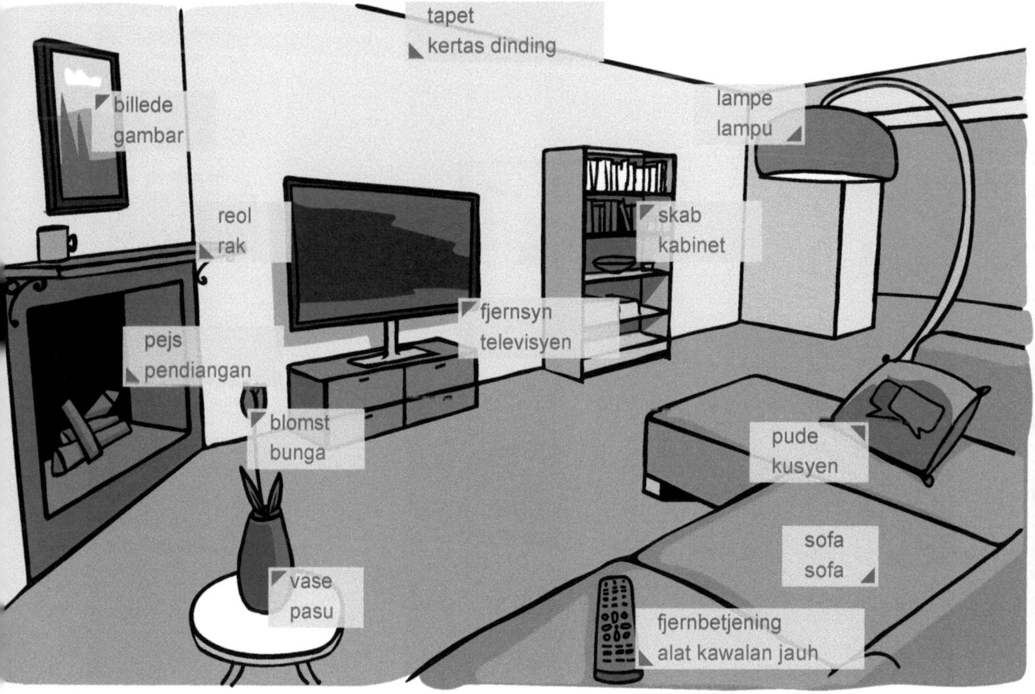

tapet
kertas dinding

billede
gambar

lampe
lampu

reol
rak

skab
kabinet

pejs
pendiangan

fjernsyn
televisyen

blomst
bunga

pude
kusyen

vase
pasu

sofa
sofa

fjernbetjening
alat kawalan jauh

gulvtæppe

permaidani

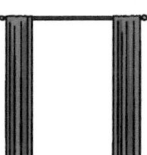

gardin

tirai

bord

meja

stol

kerusi

gyngestol

kerusi malas

lænestol

kerusi

bog

buku

tæppe

selimut

dekoration

hiasan

brænde

kayu api

film

filem

stereoanlæg

hi-fi

nøgle

kunci

avis

akhbar

maleri

lukisan

plakat

poster

radio

radio

notesblok

buku catatan

støvsuger

penyedut habuk

kaktus

kaktus

lys

lilin

køkken
dapur

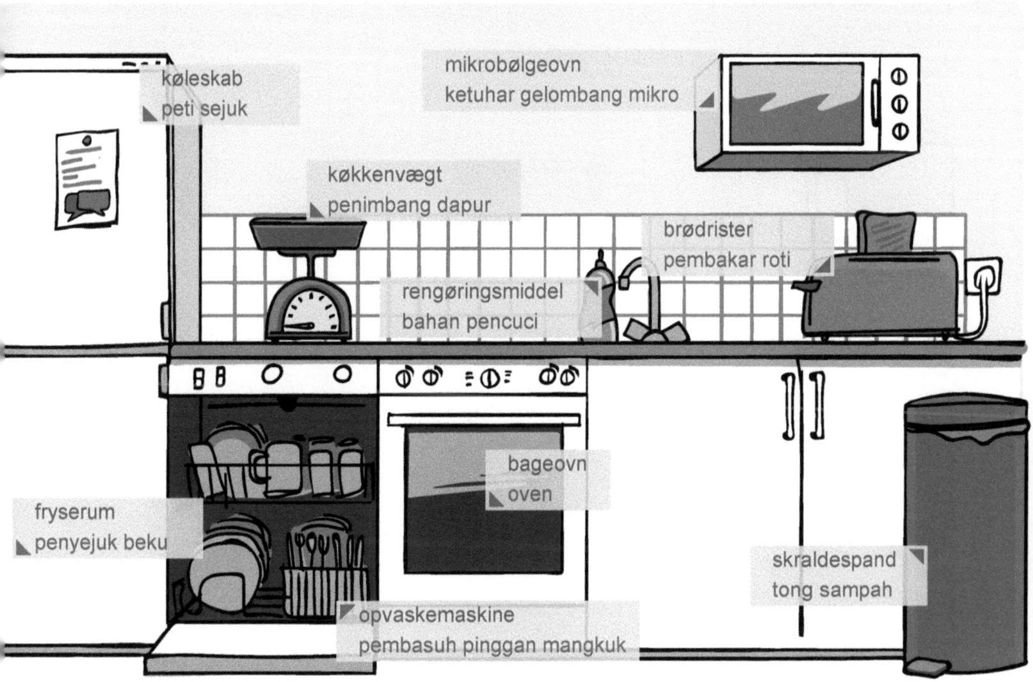

køleskab
peti sejuk
mikrobølgeovn
ketuhar gelombang mikro
køkkenvægt
penimbang dapur
brødrister
pembakar roti
rengøringsmiddel
bahan pencuci
bageovn
oven
fryserum
penyejuk beku
skraldespand
tong sampah
opvaskemaskine
pembasuh pinggan mangkuk

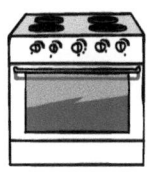

komfur

periuk dapur

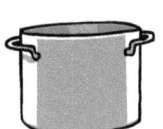

gryde

periuk

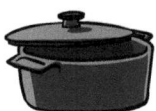

jerngryde

periuk besi

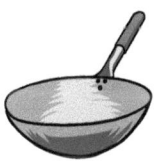

wok / kadai

kuali

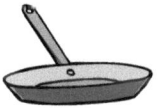

pande

pan

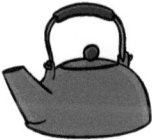

elkedel

cerek

dampkoger

pengukus

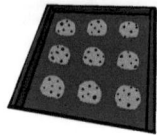

bageplade

dulang pembakar

service

pinggan mangkuk

bæger

koleh

skål

mangkuk

spisepinde

penyepit

øseske

senduk

paletkniv

spatula

piskeris

pengadun

dørslag

penapis

si

ayak

rive

pemarut

morter

mortar

grille

barbeku

ildsted

pembakaran terbuka

skærebræt

papan pencincang

kagerulle

pin golekan

proptrækker

skru gabus

dåse

tin

dåseåbner

pembuka tin

grydelap

pemegang periuk

køkkenvask

sinki

børste

berus

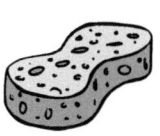

svamp

span

blender

pengisar

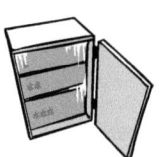

dybfryser

penyejuk beku

sutteflaske

botol bayi

vandhane

paip

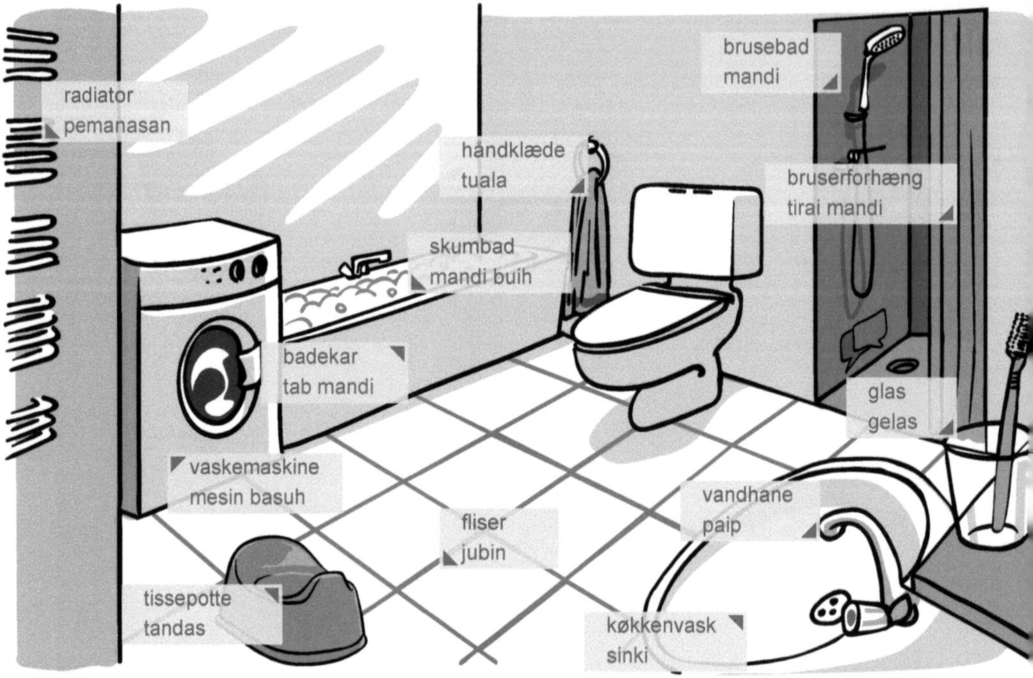

radiator
pemanasan

brusebad
mandi

håndklæde
tuala

bruserforhæng
tirai mandi

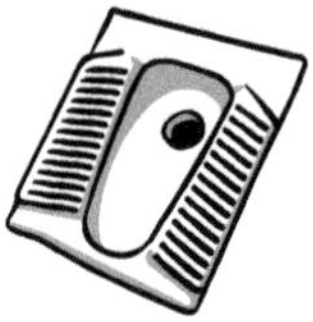

skumbad
mandi buih

badekar
tab mandi

glas
gelas

vaskemaskine
mesin basuh

vandhane
paip

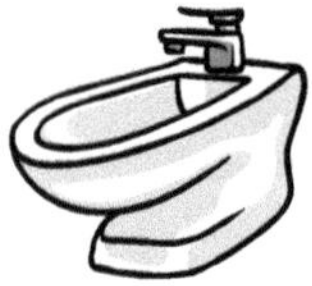

fliser
jubin

tissepotte
tandas

køkkenvask
sinki

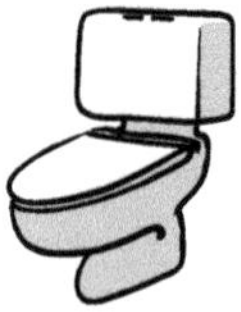

toilet	hugsiddende toilet	bidet
tandas	tandas mencangkung	mangkuk tandas

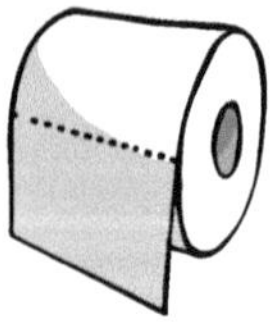

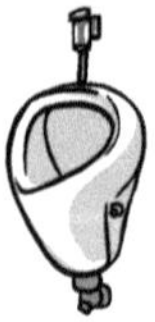 pissoir	toiletpapir	toiletbørste
tandas awam	kertas tandas	berus tandas

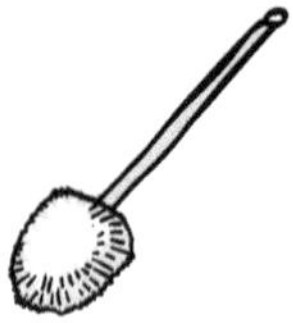

tandbørste

berus gigi

tandpasta

ubat gigi

tandtråd

flos gigi

vaske

cuci

håndbruser

mandian tangan

intimbruser

pancuran

vaskefad

besen

badebørste

belakang berus

sæbe

sabun

brusegele

gel mandian

shampoo

syampu

vaskeklud

flanel

afløb

longkang

creme

krim

deodorant

deodoran

spejl

cermin

kosmetikspejl

cermin tangan

barberhøvl

pisau cukur

barberskum

busa cukur

barbervand

selepas cukur

kam

sikat

børste

berus

hårtørrer

pengering rambut

hårspray

semburan rambut

makeup

mekap

læbestift

gincu

neglelak

varnis kuku

vat

bulu kapas

neglesaks

gunting kuku

parfume

pewangi

toilettaske

beg basuhan

skammel

bangku

vægt

skala berat

badekåbe

jubah mandi

gummihandsker

sarung tangan getah

tampon

kapas

damebind

tuala wanita

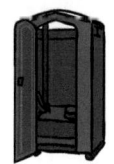

kemisk toilet

tandas kimia

børneværelse
bilik kanak-kanak

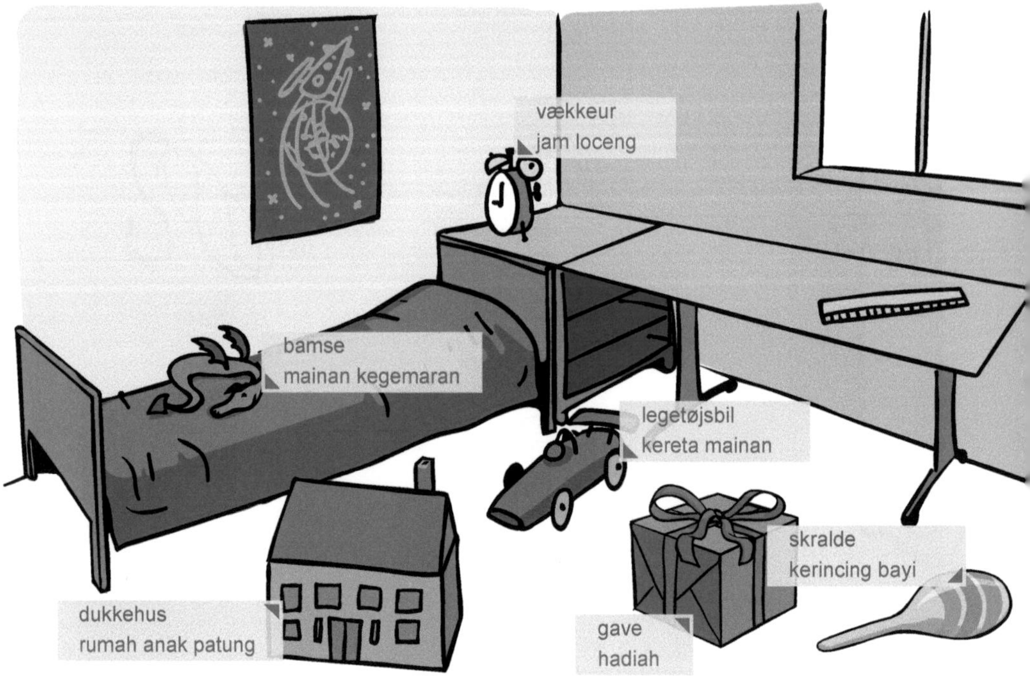

vækkeur
jam loceng
bamse
mainan kegemaran
legetøjsbil
kereta mainan
skralde
kerincing bayi
dukkehus
rumah anak patung
gave
hadiah

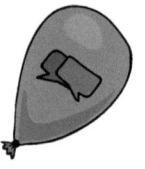

ballon
belon

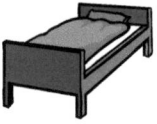

seng
katil

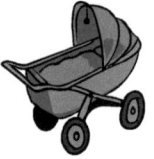

barnevogn
kereta sorong bayi

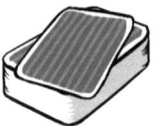

kortspil
set kad

puslespil
susun suai gambar

SUPER MEGA

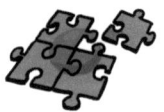

tegneserie
komik

legoklodser

batu bata lego

byggeklodser

blok mainan

action figur

figura aksi

sparkedragt

baju bayi

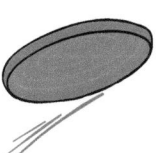

frisbee

frisbee

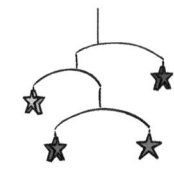

uro

mainan bayi mudah alih

brætspil

permainan papan

terning

dadu

modeljernbane

set model kereta api

sut

palsu

fest

parti

billedbog

buku bergambar

bold

bola

dukke

anak patung

lege

main

sandkasse

lubang pasir

gynge

buai

legetøj

mainan

spillekonsol

konsol permainan video

trehjulet cykel

basikal roda tiga

bamse

anak patung beruang

klædeskab

almari pakaian

tøj

pakaian

sokker

stoking

strømper

stoking

strømpebukser

ketat

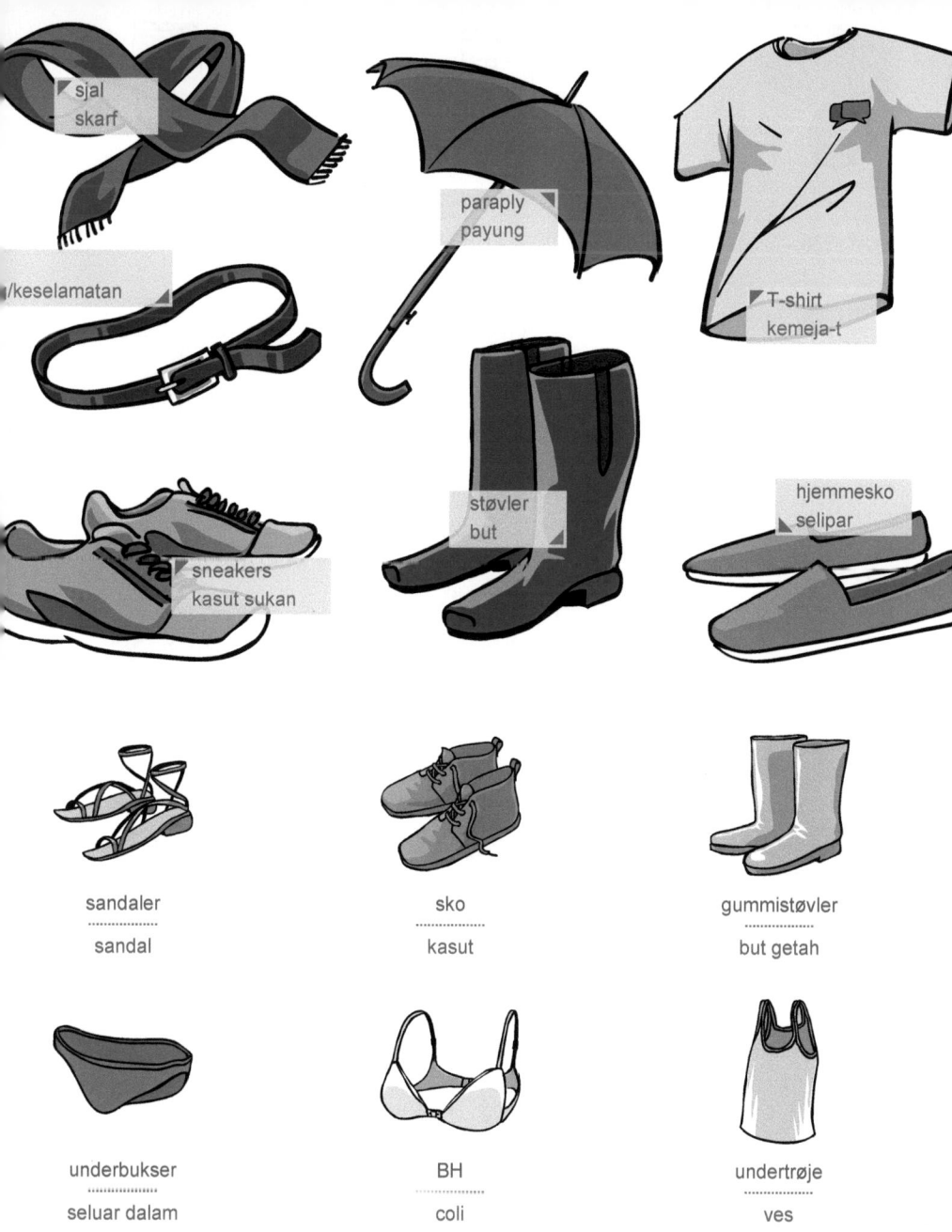

sjal
skarf

paraply
payung

T-shirt
kemeja-t

/keselamatan

støvler
but

hjemmesko
selipar

sneakers
kasut sukan

sandaler
sandal

sko
kasut

gummistøvler
but getah

underbukser
seluar dalam

BH
coli

undertrøje
ves

body
badan

bukser
Seluar panjang

jeans
jean

nederdel
skirt

bluse
blaus

skjorte
kemeja

pullover
baju panas sarung

sweatshirt
sweater

blazer
blazer

jakke
jaket

frakke
kot

regnfrakke
baju hujan

kostume
kostum

kjole
pakaian

brudekjole
baju pengantin

jakkesæt
....
sut

nattrøje
....
baju tidur

pyjamas
....
baju tidur

sari
....
sari

hovedtørklæde
....
skarf kepala

turban
....
serban

burka
....
burqa

kaftan
....
kaftan

abaya
....
abaya/jubah

badedragt
....
baju renang

badebukser
....
seluar renang

korte bukser
....
seluar pendek

træningsdragt
....
sut balapan

forklæde
....
apron

handsker
....
sarung tangan

knap

butang

briller

cermin mata

armbånd

gelang tangan

kæde

rantai leher

ring

cincin

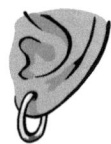

ørering

subang

hue

topi

bøjle

penyangkut kot

hat

topi

slips

tali leher

lynlås

zip

hjelm

topi keledar

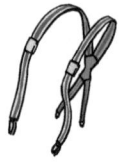

seler

pendakap

skoleuniform

uniform sekolah

uniform

seragam

hagesmæk

lapik dada

sut

palsu

ble

lampin

kontor
pejabat

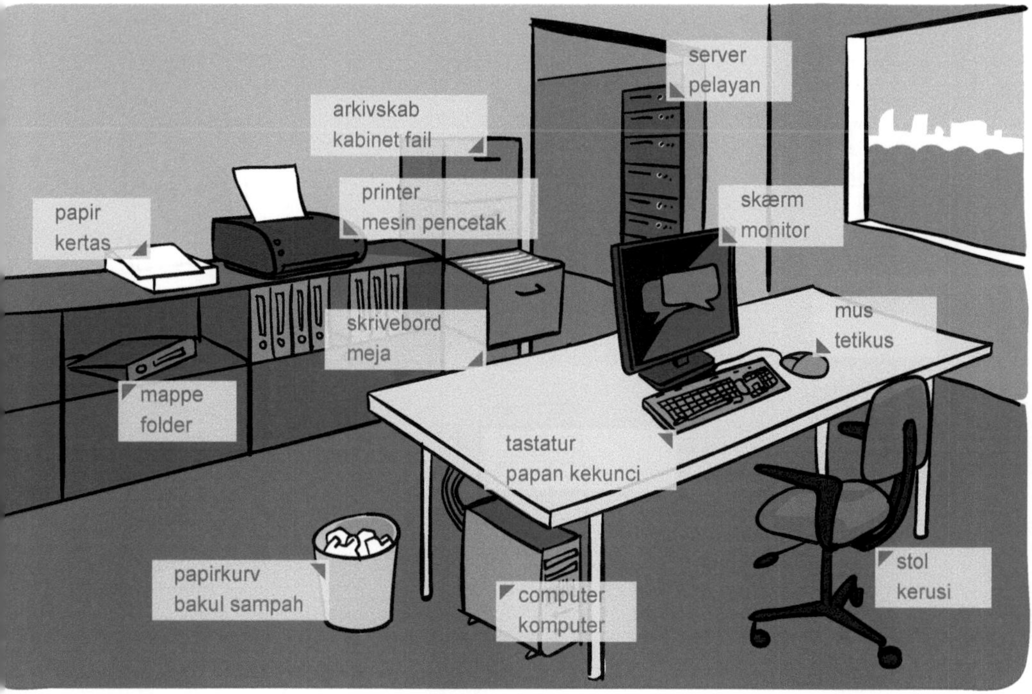

server
pelayan

arkivskab
kabinet fail

printer
mesin pencetak

skærm
monitor

papir
kertas

skrivebord
meja

mus
tetikus

mappe
folder

tastatur
papan kekunci

papirkurv
bakul sampah

computer
komputer

stol
kerusi

kaffekrus

cawan kopi

lommeregner

kalkulator

internet

internet

bærbar

komputer riba

brev

surat

besked

mesej

mobil

mudah alih

netværk

rangkaian

kopimaskine

mesin fotokopi

software

perisian

telefon

telefon

stikdåse

soket plag

fax

mesin faks

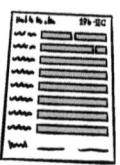

formular

bentuk

dokument

dokumen

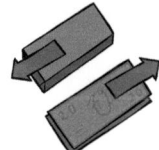

købe
beli

betale
bayar

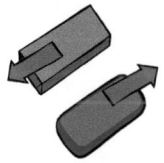

handle
berdagang

penge
wang

 **USD**

dollar
dolar

 **EUR**

euro
euro

 **JPY**

yen
yen

 **RUB**

rubel
rubel

 **CHF**

schweizerfranc
franc swiss

 **CNY**

renminbi yuan
renminbi yuan

 **INR**

rupee
rupee

hæveautomat
mata tunai

vekselkontor

pejabat tukaran mata wang

guld

emas

sølv

perak

olie

minyak

energi

tenaga

pris

harga

kontrakt

kontrak

skat

cukai

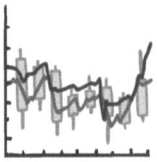

aktie

stok

arbejde

kerja

ansat

pekerja

arbejdsgiver

majikan

fabrik

kilang

butik

kedai

erhverv
pekerjaan

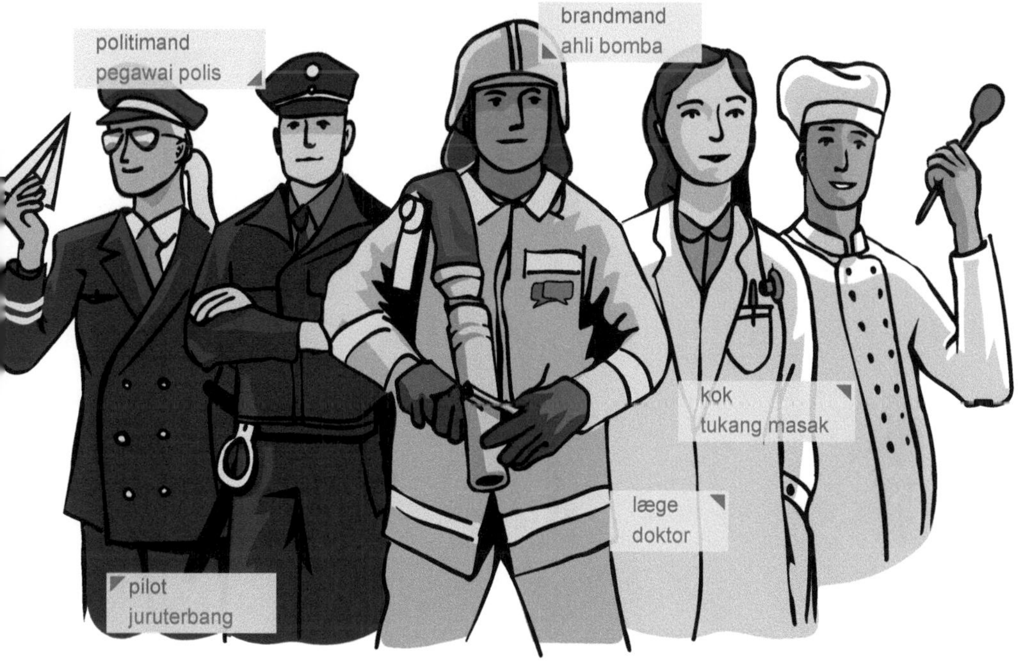
politimand
pegawai polis
brandmand
ahli bomba
kok
tukang masak
læge
doktor
pilot
juruterbang

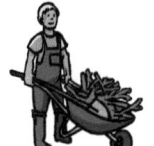

gartner

tukang kebun

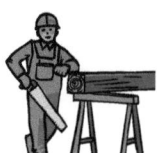

tømrer

tukang kayu

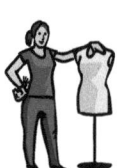

syerske

tukang jahit

dommer

hakim

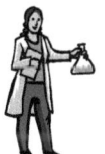

kemiker

ahli kimia

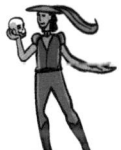

skuespiller

pelakon

buschauffør

pemandu bas

taxachauffør

pemandu teksi

fisker

nelayan

rengøringskone

wanita pencuci

tagdækker

kasau

tjener

pelayan

jæger

pemburu

maler

pelukis

bager

bakeri

elektriker

juruelektrik

bygningsarbejder

pembangun

ingeniør

jurutera

slagter

penjual daging

vvs-mand

tukang paip

postbud

posmen

soldat

askar

arkitekt

arkitek

kasserer

juruwang

blomsterhandler

kedai bunga

frisør

pendandan rambut

togfører

konduktor

mekaniker

mekanik

kaptajn

kapten

tandlæge

doktor gigi

videnskabsmand

ahli sains

rabbiner

tuhanku

imam

imam

munk

sami

præst

paderi

værktøj

alat

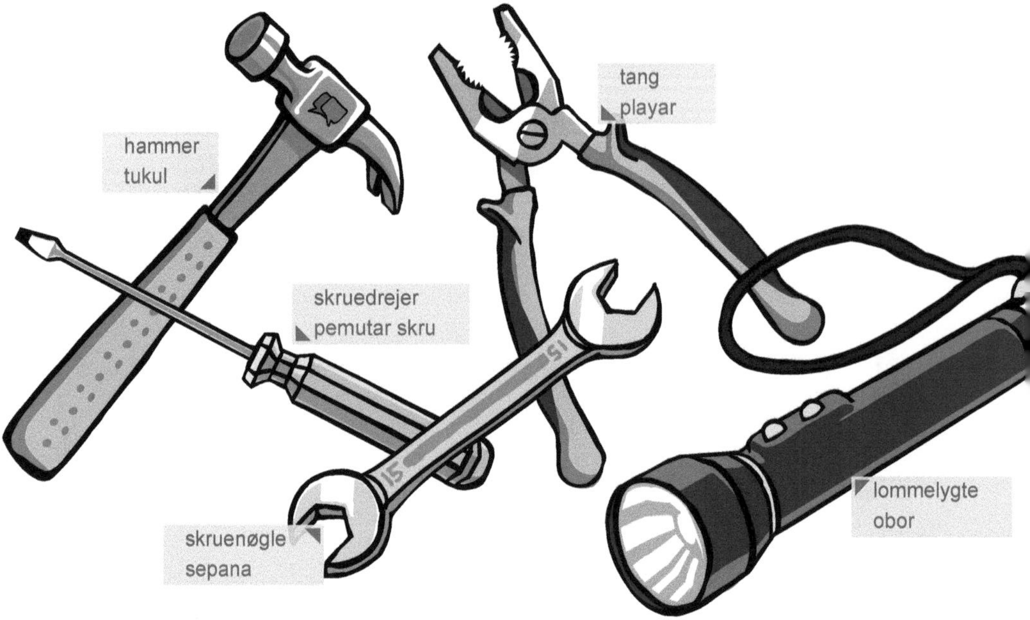
tang
playar
hammer
tukul
skruedrejer
pemutar skru
lommelygte
obor
skruenøgle
sepana

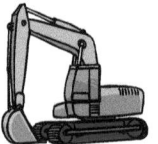

gravemaskine

pengorek

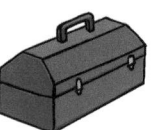

værktøjskasse

kotak peralatan

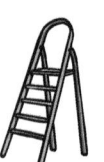

stige

tangga

sav

gergaji

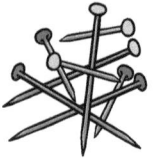

søm

kuku

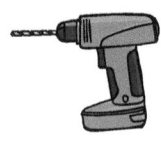

bor

gerudi

reparere
....
baiki

skovl
....
penyodok

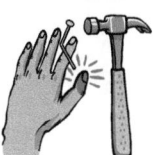

Lort!
....
Celaka!

fejebakke
....
penadah sampah

malerspand
....
periuk cat

skruer
....
skru

musikinstrumenter
alat muzik

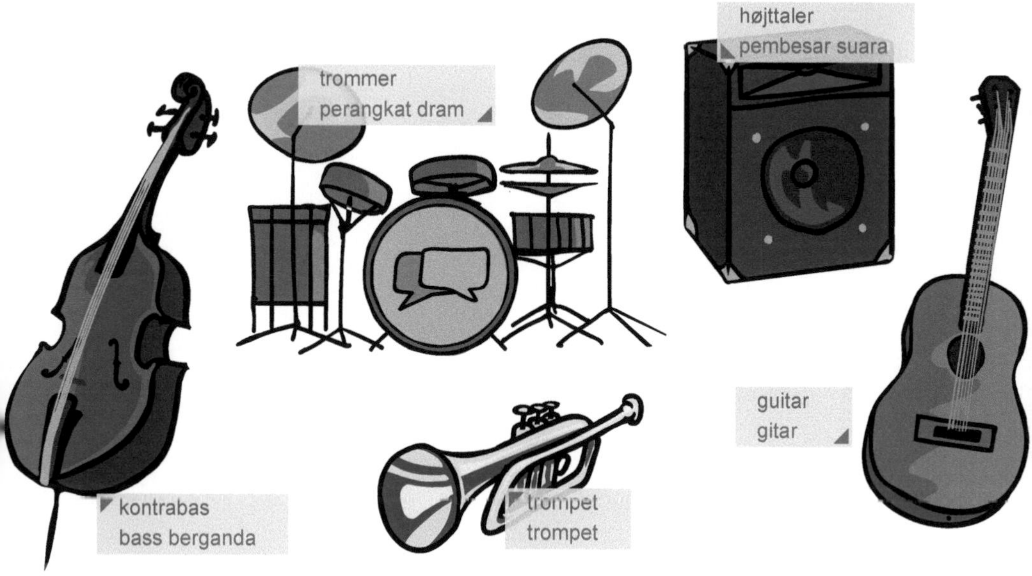

højttaler
pembesar suara

trommer
perangkat dram

guitar
gitar

kontrabas
bass berganda

trompet
trompet

klaver

piano

violin

biola

bas

bass

pauke

timpani

tromme

dram

keyboard

papan kekunci

saxofon

saksofon

fløjte

seruling

mikrofon

mikrofon

indgang
pintu masuk

tiger
harimau

bur
sangkar

zebra
zebra

dyrefoder
makanan haiwan

panda
panda

dyr
haiwan

elefant
gajah

kænguru
kanggaru

næsehorn
badak sumbu

gorilla
gorila

bjørn
beruang

kamel

unta

struds

burung unta

løve

singa

abe

monyet

flamingo

flamingo

papegøje

nuri

isbjørn

beruang kutub

pingvin

penguin

haj

yu

påfugl

merak

slange

ular

krokodille

buaya

dyrepasser

penjaga zoo

sæl

anjing laut

jaguar

jaguar

pony

kuda

leopard

harimau

flodhest

badak air

giraf

zirafah

ørn

helang

vildsvin

babi jantan

fisk

ikan

skildpadde

penyu

hvalros

anjing laut

ræv

musang

gazelle

rusa

amerikansk football
bola sepak Amerika

cykling
berbasikal

tennis
tenis

basketball
bola keranjang

svømning
renang

boksning
tinju

ishockey
hoki ais

fodbold
bola sepak

badminton
badminton

atletik
olahraga

håndbold
bola baling

skiløb
ski

polo
polo

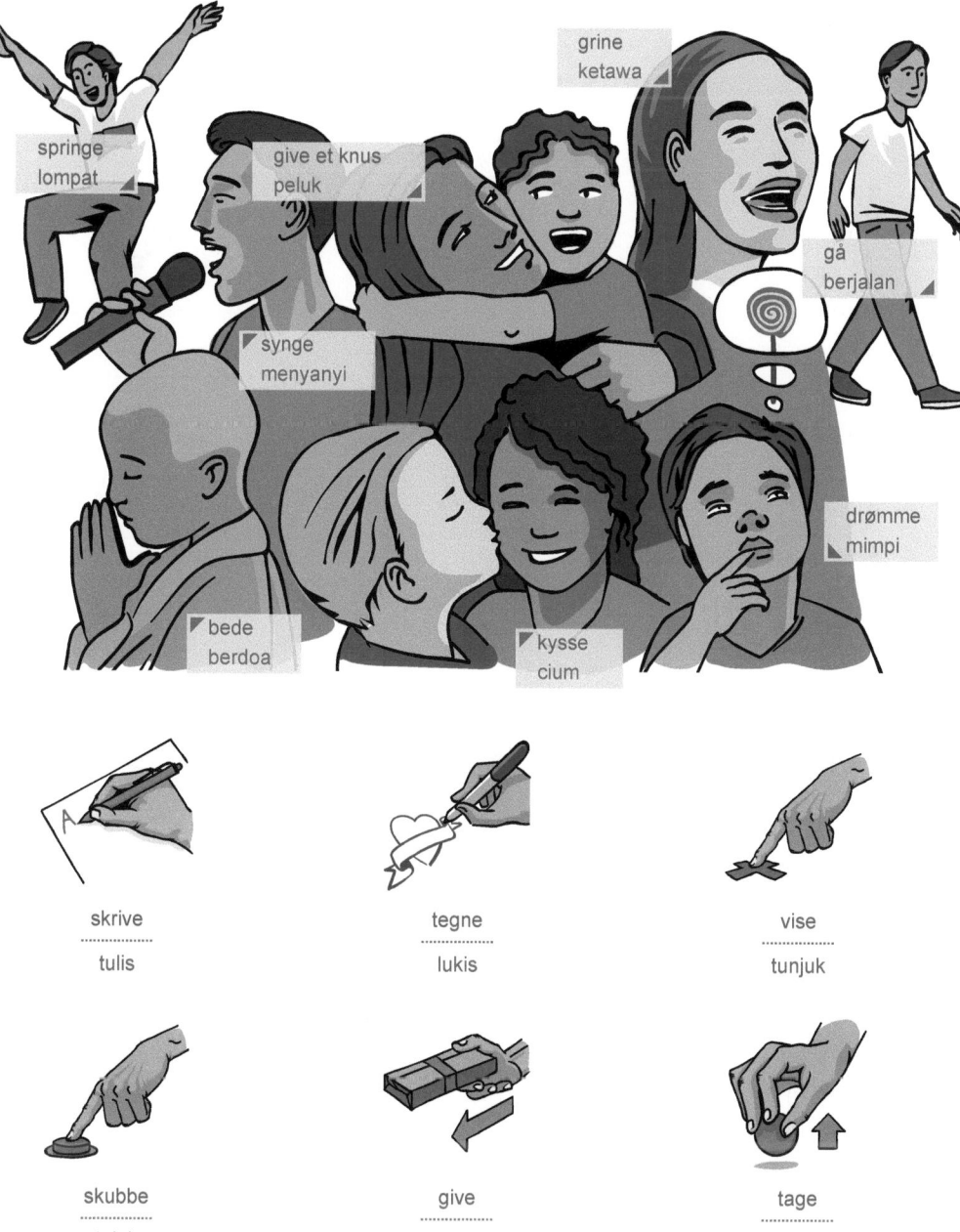

springe
lompat

give et knus
peluk

grine
ketawa

gå
berjalan

synge
menyanyi

drømme
mimpi

bede
berdoa

kysse
cium

| skrive | tegne | vise |
| tulis | lukis | tunjuk |

| skubbe | give | tage |
| tolak | beri | ambil |

have
ada

gøre
buat

være
ialah

stå
berdiri

løbe
lari

trække
tarik

kaste
buang

falde
jatuh

ligge
tipu

vente
tunggu

bære
bawa

sidde
duduk

tage på
pakai

sove
tidur

vågne
bangkit

aktiviteter - aktiviti

se på

lihat pada

græde

menangis

ae

strok

kæmme

sikat

tale

cakap

forstå

faham

spørge

tanya

høre

dengar

drikke

minum

spise

makan

rydde op

mengemas

elske

sayang

koge

masak

køre

pandu

flyve

terbang

sejle

belayar

regne

kira

læse

baca

lære

belajar

arbejde

kerja

gifte sig med

nikah

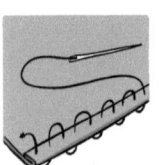

sy

jahit

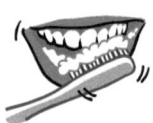

børste tænder

memberus gigi

dræbe

bunuh

ryge

asap

sende

hantar

familie
keluarga

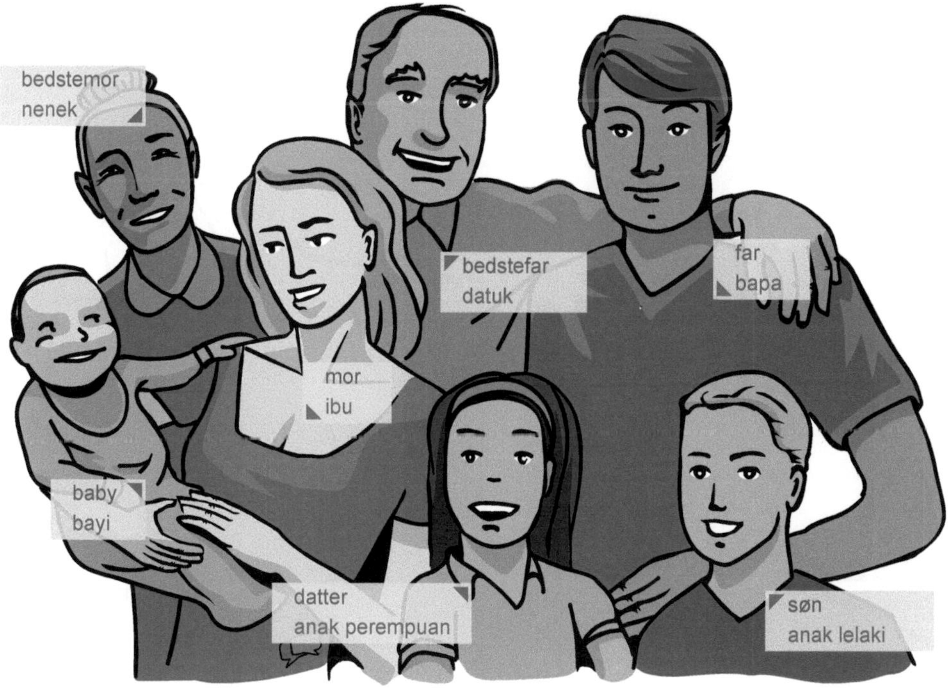
bedstemor
nenek
bedstefar
datuk
far
bapa
mor
ibu
baby
bayi
datter
anak perempuan
søn
anak lelaki

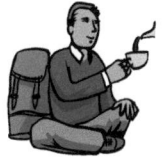

gæst

tetamu

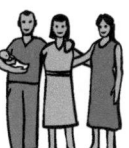

tante

mak cik

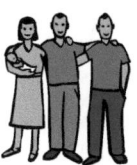

onkel

pak cik

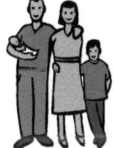

bror

abang

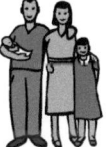

søster

kakak

krop

badan

pande
dahi
øje
mata
skulder
bahu
finger
jari
ansigt
muka
hage
dagu
hånd
tangan
ben
kaki
bryst
dada
arm
lengan

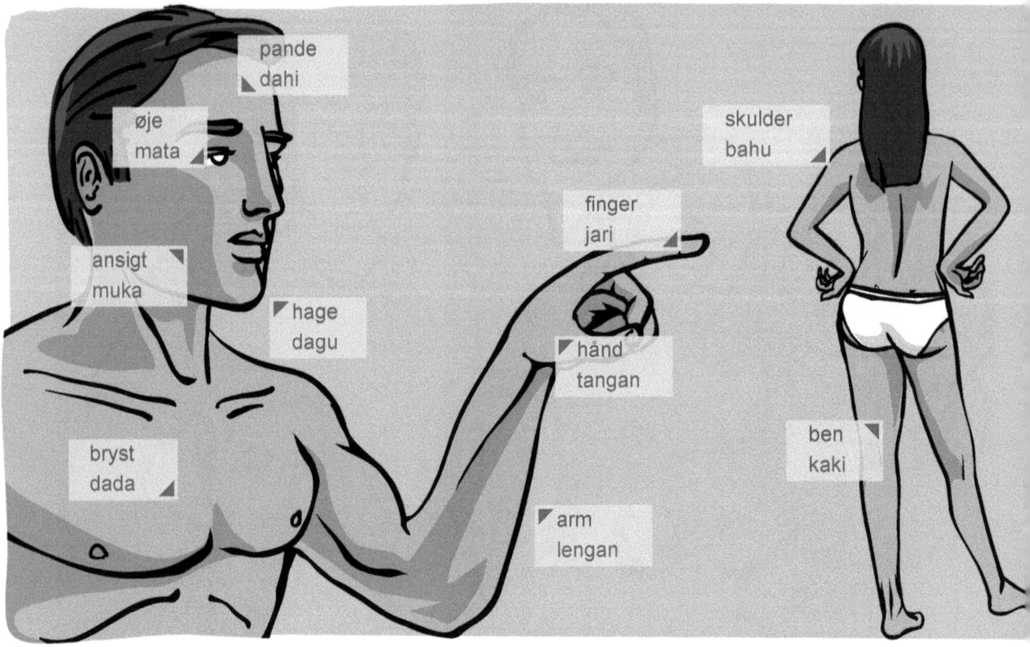

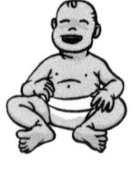

baby

bayi

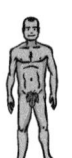

mand

lelaki

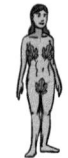

kvinde

wanita

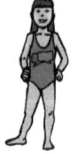

pige

perempuan

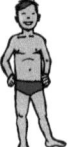

dreng

lelaki

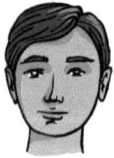

hoved

kepala

ryg

belakang

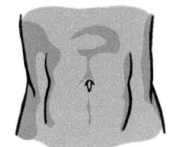

mave

bawah perut

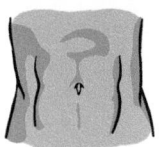

navle

pusat

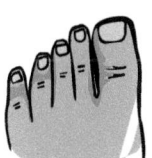

tå

jari kaki

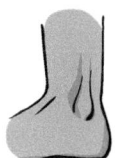

hæl

tumit

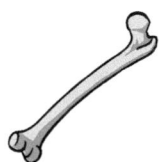

knogle

tulang

hofte

pinggul

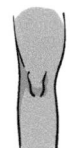

knæ

lutut

albue

siku

næse

hidung

bagdel

bawah

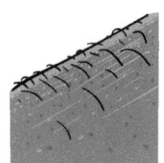

hud

kulit

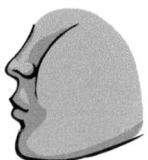

kind

pipi

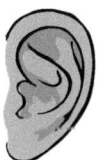

øre

telinga

læbe

bibir

mund
mulut

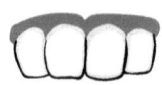

tand
gigi

tunge
lidah

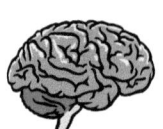

hjerne
otak

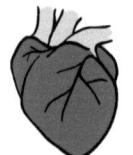

hjerte
hati

muskel
otot

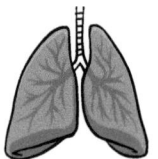

lunge
paru-paru

lever
hati

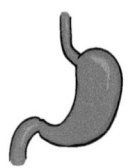

mavesæk
perut

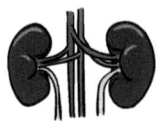

nyrer
buah pinggang

sex
seks

kondom
kondom

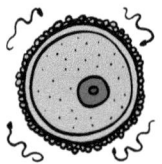

ægcelle
faraj

sperm
mani

svangerskab
mengandung

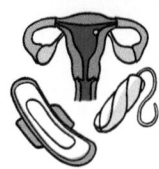

menstruation
....
haid

vagina
....
faraj

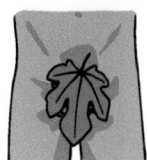

penis
....
penis

øjenbryn
....
kening

hår
....
rambut

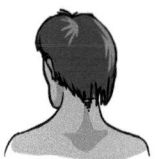

hals
....
leher

sygehus
hospital

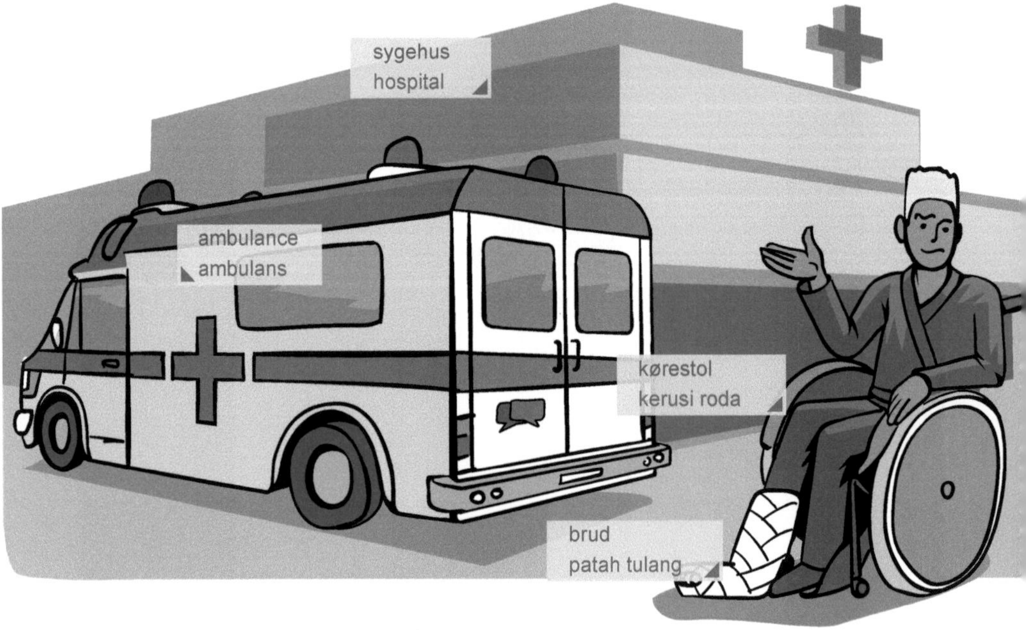

sygehus
hospital
ambulance
ambulans
kørestol
kerusi roda
brud
patah tulang

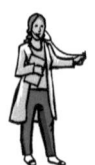

lægе
doktor

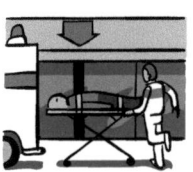

akutmodtagelse
bilik kecemasan

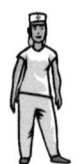

sygeplejerske
jururawat

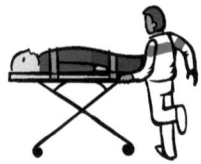

nødstilfælde
kecemasan

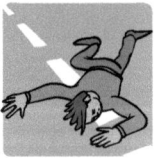

bevidstløs
tak sedar

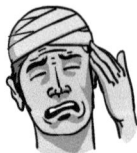

smerte
sakit

skade

kecederaan

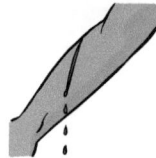

blødning

pendarahan

hjerteinfarkt

serangan jantung

slagtilfælde

strok

allergi

alergi

hoste

batuk

feber

demam

influenza

selesema

diarré

cirit-birit

hovedpine

sakit kepala

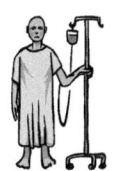

kræft

kanser

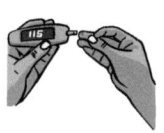

diabetes

diabetes

kirurg

pakar bedah

skalpel

pisau bedah

operation

pembedahan

CT

CT

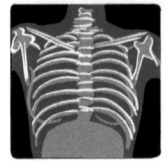

røntgen

x-ray

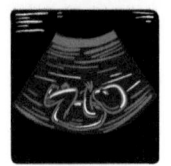

ultralyd

ultrabunyi

maske

topeng muka

sygdom

penyakit

venteværelse

bilik menunggu

krykke

penongkat

plaster

plaster

forbinding

pembalut

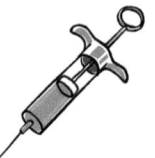

injektion

suntikan

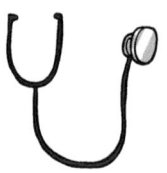

stetoskop

stetoskop

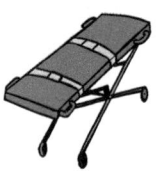

båre

pengusung

termometer

termometer klinik

fødsel

kelahiran

overvægt

berat badan berlebihan

høreapparat

alat pendengaran

desinficerende middel

disinfektan

infektion

jangkitan

virus

virus

HIV / AIDS

HIV / AIDS

medicin

perubatan

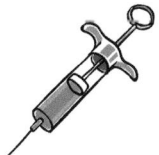

vaccination

vaksinasi

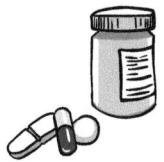

tabletter

tablet

pille

pil

nødopkald

panggilan kecemasan

blodtryksmåler

pantau tekanan darah

syg / rask

sakit / sihat

Hjælp!

Tolong!

alarm

penggera

overfald

serang

angreb

serangan

fare

bahaya

nødudgang

pintu kecemasan

Det brænder!

Api!

ildslukker

alat pemadam api

uheld

kemalangan

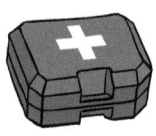

førstehjælps-kuffert

alat pertolongan cemas

SOS

SOS

politi

polis

Europa

Eropah

Nordamerika

Amerika Utara

Sydamerika

Amerika Selatan

Afrika

Afrika

Asien

Asia

Australien

Australia

Atlanterhavet

Atlantic

Stillehavet

Pasifik

Indiske Ocean

Lautan Hindi

Sydlige Ishav

Lautan Antartik

Ishav

Lautan Artik

Nordpol

Kutub utara

Sydpol

Kutub Selatan

Antarktis

Antartika

Jorden

bumi

land

tanah

hav

laut

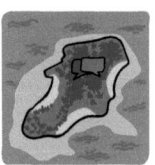

ø

pulau

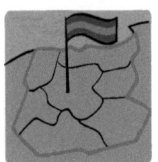

nation

negara

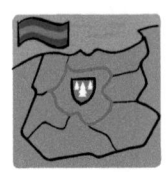

stat

negeri

urskive

muka jam

timeviser

tangan jam

minutviser

tangan minit

sekundviser

terpakai

Hvad er klokken?

Jam berapa sekarang

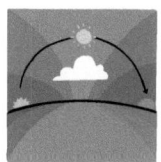

dag

hari

tid

masa

nu

sekarang

digitalur

jam digital

minut

minit

time

jam

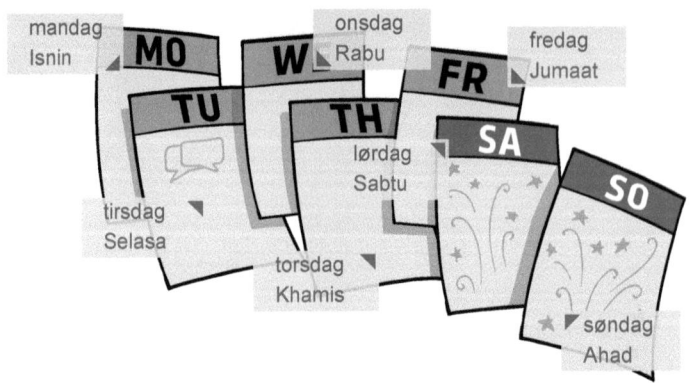

mandag
Isnin

onsdag
Rabu

fredag
Jumaat

tirsdag
Selasa

torsdag
Khamis

lørdag
Sabtu

søndag
Ahad

i går

semalam

i dag

hari ini

i morgen

esok

morgen

pagi

middag

tengah hari

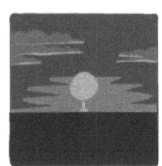

aften

petang

MO	TU	WE	TH	FR	SA	SU
1	2	3	4	5	6	7
8	9	10	11	12	13	14
15	16	17	18	19	20	21
22	23	24	25	26	27	28
29	30	31	1	2	3	4

arbejdsdage

hari kerja

MO	TU	WE	TH	FR	SA	SU
1	2	3	4	5	6	7
8	9	10	11	12	13	14
15	16	17	18	19	20	21
22	23	24	25	26	27	28
29	30	31	1	2	3	4

weekend

hari minggu

år

tahun

regn
hujan
regnbue
pelangi
vind
angin
sne
salji
forår
musim bunga
efterår
musim luruh
sommer
musim panas
vinter
musim salji

4.APRIL 11°
5.APRIL 4°
6.APRIL 13°
7.APRIL 8°
8.APRIL 10°

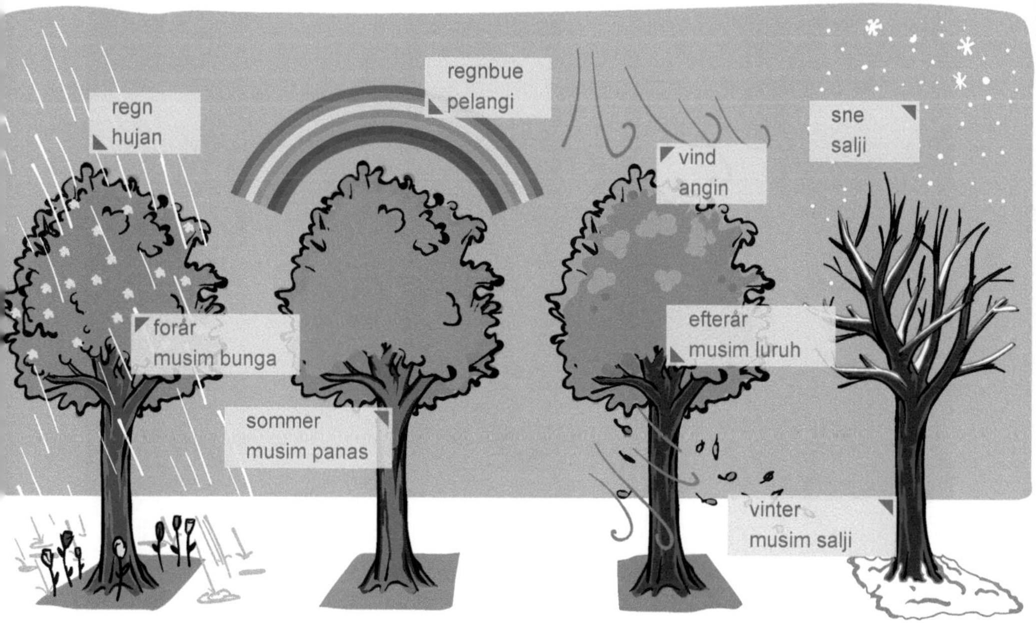

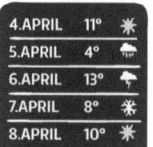

vejrudsigt

ramalan cuaca

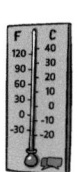

termometer

termometer

solskin

sinar matahari

sky

awan

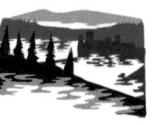

tåge

kabus

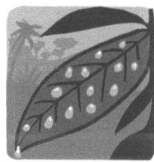

luftfugtighed

lembapan

lyn

kilat

torden

petir

storm

ribut

hagl

hujan batu

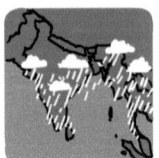

monsun

monsun

flod

banjir

is

ais

januar

Januari

februar

Februari

marts

Mac

april

April

maj

Mei

juni

Jun

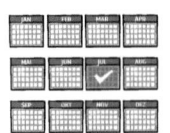

juli

Julai

august

Ogos

år - tahun

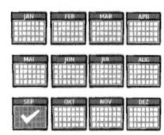

september
....
September

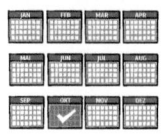

oktober
....
Oktober

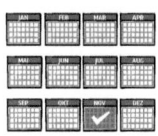

november
....
November

december
....
Disember

cirkel
....
bulatan

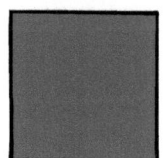

kvadrat
....
petak

firkant
....
segi empat tepat

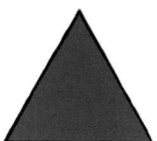

trekant
....
segitiga

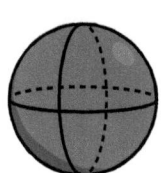

kugle
....
sfera

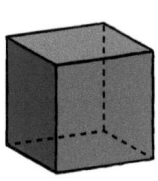

terning
....
kiub

hvid

putih

gul

kuning

orange

oren

pink

merah jambu

rød

merah

lilla

ungu

blå

biru

grøn

hijau

brun

coklat

grå

kelabu

sort

hitam

meget / lidt

banyak / sedikit

rasende / fredelig

marah / tenang

smuk / grim

cantik / hodoh

begyndelse / slut

bermula / tamat

stor / lille

besar kecil

lys / mørk

terang / gelap

bror / søster

abang / kakak

ren / snavset

bersih / kotor

fuldkommen / ufuldkommen

lengkap / tidak lengkap

dag / nat

hari / malam

død / levende

mati / hidup

bred / smal

luas / sempit

spiselig / uspiselig

boleh dimakan / tidak boleh dimakan

vred / venlig

jahat / baik

ophidset / kedet

teruja / bosan

tyk / tynd

gemuk / kurus

først / sidst

pertama / terakhir

ven / fjende

kawan / musuh

fuld / tom

penuh / kosong

hård / blød

keras / lembut

tung / let

berat / ringan

sult / tørst

lapar / dahaga

syg / rask

sakit / sihat

illegal / legal

menyalahi undang-undang / undang-undang

intelligent / dum

pintar / bodoh

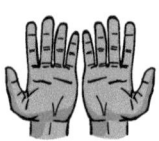

venstre / højre

kiri / kanan

nær / fjern

dekat / jauh

ny / brugt

baru / lama

intet / noget

tiada / sesuatu

gammel / ung

tua / muda

tændt / slukket

hidup / mati

åben / lukket

terbuka / tertutup

stille / højt

diam / bising

rig / fattig

kaya / miskin

rigtig / forkert

betul / salah

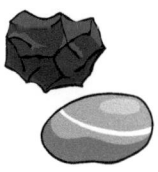

ru / glat

kasar / halus

ked af det / lykkelig

sedih / gembira

kort / lang

pendek / panjang

langsom / hurtig

lambat / laju

våd / tør

basah / kering

varm / kold

panas / sejuk

krig / fred

berperang / berdamai

0

nul

sifar

1

en

satu

2

to

dua

3

tre

tiga

4

fire

empat

5

fem

lima

6

seks

enam

7

syv

tujuh

8

otte

lapan

9

ni

sembilan

10

ti

sepuluh

11

elleve

sebelas

12

tolv

dua belas

13

tretten

tiga belas

14

fjorten

empat belas

15

femten

lima belas

16

seksten

enam belas

17

sytten

tujuh belas

18

atten

lapan belas

19

nitten

Sembilan belas

20

tyve

dua puluh

100

hundrede

ratus

1.000

tusinde

ribu

1.000.000

million

juta

engelsk

Bahasa Inggeris

amerikansk engelsk

Bahasa Inggeris Amerika

kinesisk mandarin

Bahasa Cina Mandarin

hindi

Bahasa Hindi

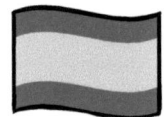

spansk

Bahasa Sepanyol

fransk

Bahasa Perancis

arabisk

Bahasa Arab

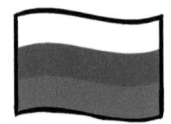

russisk

Bahasa Rusia

portugisisk

Bahasa Portugis

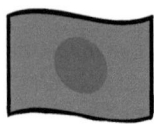

bengalsk

Bahasa Benggali

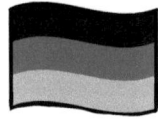

tysk

Bahasa Jerman

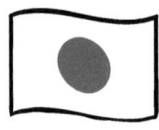

japansk

Bahasa Jepun

jeg

saya

du

anda

han / hun / den / det

dia / dia / ia

vi

kita

I

anda

de

mereka

hvem?

siapa?

hvad?

apa?

hvordan?

bagaimana?

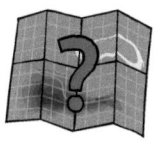

hvor?

di mana?

hvornår?

bila?

navn

nama

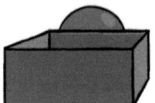

bag
belakang

i
dalam

foran
di hadapan

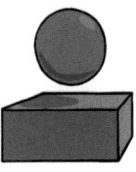

over
lebih

på
pada

under
di bawah

ved siden af
bersebelahan

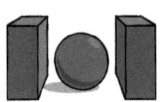

imellem
antara

sted
tempat